E. TAXIL

IMPRESSIONS D'UN MARSOUIN

MADAGASCAR

UNE JOURNÉE A MADAGASCAR

—

JEUNESSE

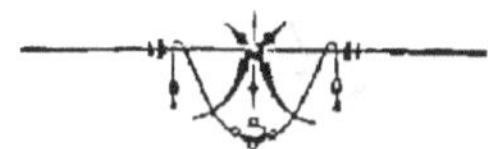

MARSEILLE

IMPRIMERIE MARSEILLAISE

Rue Sainte, 39

—

1893

E. TAXIL

IMPRESSIONS D'UN MARSOUIN

MADAGASCAR

UNE JOURNÉE A MADAGASCAR

JEUNESSE

MARSEILLE

IMPRIMERIE MARSEILLAISE

Rue Sainte, 39

1893

UNE JOURNÉE A MADAGASCAR

A bord de " l'Allier ", le 28 novembre 1883.

Voici bientôt six mois que nous tournons autour de Madagascar, visitant dans toutes leurs sinuosités les côtes ensoleillées de ce beau pays, dont l'intérieur reste pour nous mystérieux et troublant, comme le corps voilé de la femme aimée non encore possédée.

Toutes nos démonstrations guerrières se sont bornées jusqu'à présent à jeter des obus explosibles sur quelques villages de la côte, blottis comme des nids dans la verdure, enfouis, comme apeurés, sous l'arborescence échevelée de ces latitudes.

Ils se cachent et ils ont raison, ils se cachent pour ne point voir venir ces terribles messagers de civilisation dont tout Européen digne de ce beau nom est prêt à gratifier son frère encore sauvage, pour peu que celui-ci ait la moindre velléité de rester maître chez lui.

C'est bien fait, d'ailleurs. — Pourquoi ne comprend-il pas, cet homme, les ineffables avantages qui résulteront pour lui, lorsque au lieu de ses doigts il aura l'inappréciable faculté de savoir se servir d'une fourchette, de pouvoir porter sur son dos ou sur sa tête tous les rossignols moisis depuis vingt ans dans de vieux fonds de boutiques, et surtout, à volupté, de boire jusqu'à l'ivresse, jusqu'à la mort, cet horrible tafia qu'on croirait distillé du vert de gris et du verre pilé, dont tout nouvel établissement sur un sol encore vierge s'empresse de le doter, pour la plus grande gloire de l'industrie, de la civilisation et du progrès humain ?

Notre petit vaisseau bat pavillon amiral, car nous avons la bonne fortune (bonne fortune est une façon de parler), nous avons, dis-je, la bonne fortune de posséder à bord l'amiral G...... qui, parti de Tamatave pour inspecter nos troupes à Nossi-Bé, a voulu se rendre compte par lui-même de l'état des petits détachements d'infanterie de marine disséminés et comme perdus sur quelques points de la grande île, et fort en péril depuis les dernières affaires ; — renouveler en outre et ratifier par sa présence les traités conclus entre la France et deux ou trois roitelets indépendants de la côte ouest, pour la campagne qui se prépare, car nous allons donner dur, à ce que l'on chuchote, et les Howas n'ont qu'à se bien tenir.

Le navire vient de quitter la rade de Nossi-Bé et se dirige à petite vitesse vers un passage formé par deux petites îles nous apparaissant, sous le soleil qui vient d'émerger brusquement de l'horizon d'or jaune, comme deux monstres d'un vert sombre dont la robe serait semée d'une myriade d'écailles lumineuses. — La mer, sans une ride, s'étend maintenant devant nous comme une immense plaque d'acier miroitante et bleuie par places, avec, tout au fond, dans le lointain qui se rapproche, l'ombre troublante et monstrueuse de la grande terre inviolée, sortant de son sommeil comme une coquette enveloppée de gaze.

« Tout le monde à son poste pour le mouillage ! » Puis, après le branle-bas habituel, « Mouillez !! » crie l'officier de quart, et pendant quelques secondes on n'entend plus que le grincement de la chaîne mordant l'écubier, le sifflet des seconds maîtres et les pas précipitamment cadencés des marins tirant sur la manœuvre.

Pourquoi sommes-nous arrêtés dans cette crique quand trois heures nous séparent à peine de notre départ matinal?... — Les papotages vont leur train dans notre petit Landerneau flottant.

Devant nous, sur la plage, des corps nus s'agitent et courent sous le soleil cru, aveuglant, qui jette sa note ardente sur l'exubérant feuillage criblé de scintillements.

Une baleinière armée rapidement vient de se diriger vers la terre, sous les ordres d'un enseigne. La curiosité nous harcèle... nos regards ne la perdent pas de vue... Elle nous revient bientôt surchargée de passagers que nos yeux ont peine à dévisager, tant leurs costumes aux couleurs exaspérantes hurlent à faire pâlir l'arc-en-ciel.

. L'amiral, en grande tenue, la poitrine constellée, paraît sur le pont et s'avance à la coupée.

C'est du monde chic que nous allons recevoir, je suppose.

Un sourire qu'il s'efforce de rendre gracieux orne la bouche passablement dégarnie de notre grand chef et son bras s'arrondit galamment sur sa hanche dès qu'apparaît le premier personnage, qui est une femme et une reine, s'il vous plaît.

Une petite reine de quinze ans, dont toute la distinction royale consiste en un bouton de diamant bizarrement planté sur l'ailette gauche du nez, ce qui, sur sa physionomie jeune, mobile et gracieuse quoique bronzée, donne l'illusion d'un pastel du dix-huitième siècle entrevu dans l'ombre.

Une sorte de peplum rouge grenat, frangé d'or, l'enveloppe tout entière, laissant à nu l'épaule et la naissance du sein droits, nous permettant en outre d'admirer un bas de jambes suggestivement cerclées d'or aux chevilles et de mignons et délicats pieds nus d'une invraisemblable petitesse.

Sa chevelure longue et lissée, tressée menu à la mode sakalave, tombant sur ses épaules avec une raideur empesée, presque hiératique, contraste étrangement avec sa figure mobile et ses yeux bien vivants. — Les reines Selika existent donc autre part que dans l'*Africaine?*...

Oh ! cette idée que je vais assister à la représentation d'une scène du maestro Meyerbeer ne me quitte plus.

Derrière elle, apparaissent successivement et probablement dans l'ordre de préséance : d'abord, un grand diable avec col de chemise immense, habit noir, gilet noir, pantalon noir, peau noire, l'aspect grave et anguleux d'un clergyman anglais, moins les chaussures par exemple. — Puis l'impression rapide et cocasse que je viens de voir défiler devant moi un nègre burlesque de café-concert, en rupture de beuglant, traverse brusquement mon esprit et trouble pour un instant mes lyriques souvenirs.

Mais la couleur locale et bien exotique ne tarde pas à reprendre ses droits, à l'exhilarant défilé des princesses et dames de la cour, dans les costumes les plus bariolés et les plus hétéroclites qu'on puisse concevoir.

Le vert perroquet se mariant au rouge sang de bœuf sur un fond jaune serin semble apparemment, pour ces dames à la peau sombre, être l'expression la plus raffinée de la mode locale.

Je note, en passant, la touchante unanimité avec laquelle ces grandes dames croient devoir orner leur appendice nasal ; les unes, les plus riches sans doute, s'y s'ont introduit un morceau d'or ; d'autres, plus modestes, semblent se contenter d'y porter suspendu un simple morceau de corail.

Je constate sans commentaires, lesquels pourraient être fort désobligeants pour certaines ou même la presque totalité des dames européennes.

Tout ce beau monde suit la reine, qui s'avance vers l'arrière, toujours appuyée au bras de notre galant amiral. — La grande porte du carré s'ouvre à deux battants et se referme de même, après avoir livré passage à ces rutilants personnages.

Les yeux de nos troupiers, égayés, d'abord par ce défilé de Mardi-gras, sont maintenant hypnotisés par la cloison muette, derrière laquelle il doit se passer quelque chose.

Mais une curieuse diversion vient de nouveau mettre notre monde en émoi.

Notre attention, tout entière subjuguée par l'attirance du chatoyant tableau trop vite disparu, ne nous avait point permis de remarquer ce qui se passait en mer.

Autour du vaisseau, grouillent maintenant une multitude de petites pirogues, pleines, à couler bas, de guerriers sakalaves.

L'officier de service, quelque peu perplexe, mais comprenant leur désir, se décide enfin à aller prendre les ordres de l'amiral ; il reparaît bientôt, suivi de l'inénarrable gentleman à peau noire, qui en deux bonds de clowns se précipite au bas de l'échelle.

Après un entretien très animé et fort expressif, notre interprète réapparait sur le pont, serré de près par une vingtaine de grands escogriffes effrayants et baroques, semblant sortir tous à la fois d'une boîte à ressort.

Ce doivent être de grands chefs, car, outre la sagaye, arme défensive et offensive, outil très utile en leurs mains et que tout bon Sakalave ne quitte jamais même pour manger, trois ou quatre d'entre eux ont la bonne fortune de posséder un fusil. — Mais quels fusils ! j'en tremble ! Je n'oserais jamais en prêter un pareil à mon plus mortel ennemi, ne serait-ce que pour tirer sur des moineaux.

Oui, ce sont évidemment de grands guerriers. Quelques autres, des privilégiés sans doute, doivent s'être partagé les effets hors de service d'un missionnaire anglican quelconque, — engeance qui pullule dans cette île, soit dit en passant, — et met en coupe réglée, de concert avec nos bons Jésuites d'ailleurs, l'immense naïveté de ces grands enfants.

Nos belliqueux visiteurs, dont plusieurs diversement et comiquement accoutrés de loques disparates et minables,

pillées je ne sais où, semblent d'abord hésitants et quelque
peu troublés dans ce milieu si nouveau pour eux; mais
nos troupiers, mis en belle humeur, les entourent bientôt
avec force gestes avenants — et la glace est rompue.

Essayer de dépeindre leurs cris gutturaux et leur mimi-
que désordonnée, à la vue des canons brillants dardant leur
fines gueules noires à travers les sabords, serait peine
perdue ; — les canons revolvers aux mécaniques et grin-
çants mouvements rotatifs, manœuvrés en leur honneur,
transforment en délire leurs admiratives onomatopées.

Un seul pourtant, parmi ces hilarants sauvages — est-ce
un effet de mon imagination ? peut-être..., semble ne point
se mêler aux épileptiques démonstrations de ses amis ; son
corps, par une coquetterie qui s'ignore, a certainement
dédaigné d'endosser les loqueteuses hardes échues aux
autres, ce qui me permet d'admirer la svelte robustesse
de ses formes coulées en bronze ; l'harmonieuse proportion
de son corps donne à ses plus simples mouvements une
souplesse et une grâce félines ; seul, un collier de dents
humaines, grigris bizarre tombant sur son thorax puissant,
indique qu'il n'a pas tout à fait renoncé aux étranges orne-
ments de sa race.

Quoi qu'il en soit, sa fière réserve m'impressionne et
m'attire ; je ne serais certes pas surpris de l'entendre
tout à l'heure, au moment psychologique, avec un geste
large, entonner le grand air d'Adamastor ; et involontai-
rement, sous l'obsédante pensée qui me hante, mes yeux
interrogent l'horizon, déçus de n'y pas voir, s'amoncellant
et grondant, accourir vertigineux les nuages éclaireurs de
la tempête qui crève au troisième acte, fait trembler les
décors qui se disloquent, projetant sur la tête des figurants
les madriers de carton détachés du vaisseau postiche, puis
la rougeoyante apothéose qui éclaire les démoniaques enva-
hisseurs dans l'engloutissement final.

Mais l'implacable soleil, qui ricane au zénith et darde ses pointes de feu sur la mer irradiée de miroitants rayons, disperse de son haleine ardente ma romantique évocation.

Intrigué, je m'avance, et d'une tape sur l'épaule je le fais se retourner à demi, puis, avec un geste que je cherche à rendre le plus expressif possible, je l'invite à se rafraîchir.

Il a compris. — Sa figure fermée et sombre se détend soudain en un large rire béat, et c'est les meilleurs amis du monde que nous allons rendre visite au cambusier.

Une énorme lampée de rhum tombée dans son gosier, comme en un puits sans fond, me met en plein dans ses bonnes grâces.

J'ai bien quelques doutes sur la moralité des moyens que j'emploie pour apprivoiser mon Malgache, mais je n'en connais pas d'autres pour l'instant, et en outre je ne fais pas partie d'une société de tempérance.

Une deuxième tournée avalée ou plus exactement engloutie avec la même désinvolture a complètement raison de sa retenue si farouche jusqu'alors, et, remonté sur le pont, mon sauvage ne trouve rien de mieux, pour me témoigner sa reconnaissance, que d'esquisser un cavalier seul, d'une correction très risquée.

Aussitôt, comme par un signal, les autres, arrivant à la rescousse, se mettent en branle à l'unisson et en un clin d'œil le pont se trouve transformé, à notre grand ébahissement, en salle de bal d'un genre tout particulier.

La galerie est vite formée, elle se trouve composée de marins, de soldats, voire même de quelques officiers qui ne croient pas déroger en se mêlant à notre groupe.

Nous nous amusons ferme. — Les plaisanteries tombent en cascades sur les crânes durs de nos danseurs qui se trémoussent frénétiquement en un rythme bizarre, sauvagement cadencé ; les sagayes, agitées de fébriles mouvements, lancent d'étincelants éclairs sous les brûlures du soleil, la sueur coule sur les peaux luisantes et la sarabande échevelée ne s'arrête un instant que pour permettre à l'un d'entre eux de faire le tour de la piste à petits pas pressés, presque invisibles, comme en se glissant, les reins agités de mouvements giratoires très rapides, avec, au fond de la gorge, un gloussement de mélopée râlante d'un effet saisissant. — Puis, dans un cri rauque, tous reprennent brusquement leurs enragées trépidances. Des lueurs fauves allument leurs yeux agrandis ; la gaieté, si gouailleuse naguère, se change en un sentiment pénible, presque d'effroi, inhabitués que nous sommes à ces expansions de forcenés.

Heureusement pour nos nerfs, la porte du salon vient de s'ouvrir et livre passage à nos visiteuses qui causent entre elles avec animation.

La terrible danse prend fin, à notre grand soulagement.

La petite reine sort la dernière, réappuyée au bras du toujours galant amiral et, dans les papotages du départ, la voix de l'officier de quart se fait encore entendre :

« Tout le monde à son poste pour l'appareillage ! » Puis, dans le va-et-vient des ordres qui se croisent, des cordages traînés en courant sur le pont — gare dessous les militaires ! — leur retraite s'effectue inaperçue pour la plupart d'entre nous.

Mais que va-t-il se passer de nouveau ? Une agitation inaccoutumée règne dans les hautes sphères (style officiel). — L'amiral lui-même, si grave, si majestueux d'ordinaire, donne, le teint animé, des ordres importants au commandant, à en juger par ses gestes fébriles.

Les hommes s'arc-boutent au cabestan, poussés par le clairon qui sonne une marche endiablée — Tout le monde a la fièvre et la fièvre me gagne. Mais que va t-il donc se passer ?...

L'ancre à peine dérapée, le vaisseau se met à filer ; les voiles, larguées en un tour de main pour profiter du peu de brise qu'il y a, se gonflent après un court flottement ; — la machine halète sous la pression portée à son maximum.

« Les sous-officiers au centre ! » commande notre capitaine ; puis, là, au milieu de nous, et de son air paterne, il nous met au courant de la situation :

« Les Howas, dans une pointe hardie sur la côte, ont surpris nos alliés les Sakalaves, qu'ils considèrent comme leurs vassaux ; ils leur ont pris 3000 bœufs et se sont emparés du village d'Amboudimadirou dont ils ont chassé et quelque peu égorgé des habitants, entre autres un missionnaire français. — Lapin de bon Dieu !… et c'est le plus grave. — La visite de la reine Binao n'avait d'autre but que de narrer les détails de l'affaire à l'amiral. — Il faut que nous arrivions assez à temps, avant la nuit, pour leur faire apprécier aujourd'hui encore la façon dont les Français savent venger leurs alliés — Lapin de bon Dieu !… Rompez !… Ah ! à propos, dans un quart d'heure je passerai la revue d'armes. »

Sur le pont tout a pris un aspect redoutable : les obus sont empilés près des canons fraîchement graissés ; les officiers de marine circulent parmi les groupes de canonniers, s'assurant que rien ne manque aux accessoires.

Notre navire glisse vertigineux sur la mer immobile et la côte se déroule lentement avec, dans le lointain estompé, les masses sombres des bois touffus.

Les lorgnettes sont braquées ; il est 3 heures ; dans vingt minutes nous serons arrivés.

La côte maintenant, sous les rayons plus obliques, se dessine nettement ; les contours s'accentuent, on croirait entendre le bruissement confus des feuilles qui se baisent.

Le vaisseau, plus lentement, se défiant des bas-fonds

traîtres, décrit un quart de cercle pour se rapprocher davantage, — la terre devant nous semble nous aspirer.

Tous les cœurs angoissés par l'attente se serrent.

Les canonniers sont à leur poste, l'œil fixé vers le but ; les pointeurs, penchés, rectifient les hausses et là, tout près cette fois, à 500 mètres à peine, sous les manguiers superbes — quelques cases aux reflets dorés.

Un chiffon blanchâtre à raies rouges flotte sur l'une d'elles, c'est le pavillon howa.

L'*Allier* maintenant immobile présente bâbord à la terre.

L'amiral, entouré de son état-major, donne un ordre tout bas.

Puis, brusquement, le navire tremble tout entier sous une formidable détonation : les quatre canons de 14 et les deux howchkitz de bâbord viennent de vomir à la fois. Une sourde et trépidente plainte sort des membrures qui craquent et des cordages qui vibrent.

Et les coups, irréguliers maintenant, continuent avec, par intervalles, les détonations précipitées et hurlantes des canons revolvers.

L'arme aux pieds, nous attendons immobiles dans l'épaisse fumée qui flotte autour de nous.

A travers quelques éclaircies on peut voir, là-bas, des gens qui, abandonnant la place, courent en tous sens, affolés. — De petits nuages qui se lèvent de terre brusquement, filtrant à travers les feuilles, marquent les coups.

Et ça n'en finit plus, les détonations se succèdent maintenant presque mécaniquement ; cela dure depuis combien de temps ?... je ne sais.

Le soleil, bas sur l'horizon, projette des lueurs rouges sur les bois qui semblent flamber.

Cependant la chaloupe et les canots ont été mis à la mer dans l'infernal vacarme. — La compagnie d'infanterie de marine va pousser une reconnaissance.

Enfin !... Tout, plutôt que cette inaction désespérante. La consigne est de s'emparer, si faire se peut, de quelques fuyards et de se rendre compte des effets du bombardement.

Nous nous empilons, joyeux, dans les embarcations, heureux comme des collégiens en promenade. — Notre capitaine prend les dernières instructions de l'amiral et nous rejoint...

La compagnie vient de toucher terre, les voix grondantes se sont tues...

Lentement, méfiants, nous entrons en ordre dans le village.

Les Howas l'ont évacué; rien... que des paillottes éventrées et des débris informes traînant à terre.

Nous allons entrer sous bois. Le moment est solennel, le soleil, très oblique, projette devant nous des ombres gigantesques, impressionnantes.

Les deux premières sections se déploient en tirailleurs, — j'en suis.

« En avant ! mes enfants, et ne vous perdez pas de vue », dit d'une voix toute drôle notre capitaine, empoigné lui aussi.

Nous avançons, avec précaution, le fusil serré dans nos mains. — Ça et là un fouillis d'arbres déracinés, écartelés, de branches brisées et, tout près, un trou noir dans la terre.

Péniblement, les évitant, nous avançons.

Plus loin, quelques cadavres, le ventre ouvert, la cervelle en bouillie, horribles. — A côté, leurs fusils que les hommes ramassent.

Nous marchons toujours, silencieux, le cœur troublé par le je ne sais quoi mystérieux et terrifiant qui flotte autour de nous; j'éprouve l'angoissante sensation d'un mauvais rêve. — Ce sont peut-être les cris d'agonie, les râles dont l'ambiance a gardé les vibrations affaiblies qui se répercutent en mon âme et l'étreignent. Qui sait ?...

Les morts, jalons sinistres, nous indiquent la route. — Pas de blessés, les Howas, dans leur fuite, les ont tous emportés.

Mais je ne me trompe pas, non... là, à dix pas... les yeux luisants fixés sur moi, un homme est assis contre un manguier. Il a dû être atteint probablement à cette place par un fragment d'obus qui a broyé sa cuisse, morceau de chair déchiqueté et sanglant qui baigne dans une flaque rouge.

J'appelle autour de moi pour lui porter secours, et je m'approche, le doigt crispé sur la détente de mon fusil.

Ses yeux noirs, durs, immuables, plantés dans les miens, m'attirent comme dans un cauchemar.

À trois pas, son bras se lève brusquement, armé d'une sagaye menaçante dardée sur ma poitrine.

Mon doigt nerveusement presse la détente et une détonation retentit... Je viens de tirer sur cet homme à bout portant.

Son attitude n'a pas changé, mais son bras est retombé dans sa position première : son regard immobile, comme figé, garde une étrange fixité.

Je reste là, saisi, presque pétrifié ; ma pensée semble avoir disparu dans le petit trou noir qu'a fait la balle au milieu du front.

Des voix bruissent autour de moi, je fais un brusque mouvement pour me dégager de cette torpeur qui m'accable.

« C'est égal, sergent, vous l'avez échappée belle ! J'ai vu le moment où je n'aurais pas donné deux sous de votre peau !... »

Cette voix familière de mon lieutenant, qui s'est vivement avancé, me remet d'aplomb, et c'est presque gaiement que je lui réponds : « A bah ! nous en verrons bien d'autres, j'espère. »

Le clairon joyeusement sonne le ralliement sous la voûte de feuillage qui s'assombrit de plus en plus. — Il est temps de battre en retraite, si nous ne voulons pas être surpris par la nuit qui tombe d'un seul coup dans ce sacré pays.

L'appel est fait. — Manque personne, — et alertes, sur quatre rangs nous allons rejoindre le gros de la compagnie qui nous attend à 300 mètres en arrière. Le retour sur la plage s'effectue bruyamment, dans des causeries particuliè-res très animées.

Je sens le besoin, moi aussi, de parler haut, avec éclat, de chanter même ; car derrière, dans l'ombre noire qui s'épaissit, l'idée affolante que deux yeux me suivent, hagards, m'assiège.

JEUNESSE

Je suis étrangement remué, comme au souvenir d'un rêve de fièvre évoqué, quand je songe aux deux années déjà lointaines de ma jeunesse, vécues dans cette île malsaine, mais quand même superbe, de Madagascar.

Ah ! c'est qu'en ce temps-là quelques-uns d'entre nous, jeunes sous-officiers aux galons d'or tout neufs, étions partis volontaires, friands d'aventures, l'ambition des épau=lettes plein la tête et la chaleur de nos vingt ans plein le cœur.

Et, d'ailleurs, ne faut-il pas qu'il en soit ainsi toujours, ne faut-il pas que la jeunesse dépense le trop plein de sa force toute nouvelle et disperse à tous les vents qui l'effleurent sa brûlante imagination trop souvent, hélas ! surchauffée et faussée par l'éducation actuelle ?

Ici j'éprouve le besoin d'ouvrir une parenthèse.

Loin de moi la pensée de me poser en réformateur ou en moraliste, mais je ne puis m'empêcher de constater, après réflexion, après épreuves, après souffrances, que tous les efforts de notre société, soi-disant civilisée, tendent, par une atavisme inconscient, à imprégner la mentalité de l'enfant d'idées de férocité implacable pour son semblable, grâce à l'histoire, grâce surtout à cette conception de la patrie qui fait considérer l'homme parlant une autre langue, l'homme d'au delà la ligne de démarcation naturelle ou fictive qui nous enserre, comme gibier de proie bon à tirer, si l'on ne veut l'être par lui.

Et pour stimulant à cette morale de chat-tigre, les médailles et les croix en bas, pour celui qui tue ; les titres redondants, les statues en haut, pour celui qui fait tuer.

Et pourtant, les lois, les mœurs intérieures des peuples avancés prévoient et punissent les vengeances, les crimes particuliers. — Suprême hypocrisie.

Nos enfants et nous-mêmes sommes à la merci de gens plus ou moins décorés de palmes académiques, qui n'ont pas d'expressions assez mielleuses et émues pour traduire les beautés de la vertu, de la douceur, de la bienfaisance ; pas de mots assez mordants et profonds pour stigmatiser le meurtre, la cruauté, la violence ; mais qui, en revanche, ne trouvent pas assez de phrases sonores et boursouflées quand il s'agit d'idéaliser le massacre général. Oh ! alors, la phraséologie creuse, mais panachée, qui grise les enfants et les hommes, les mots de courage, d'honneur, de patriotisme, tout y passe.

Ma parole, ce serait à se tordre si ce n'était si triste.

Mais, cependant, combien de désillusions, de heurts pénibles, de compagnons perdus en route faut-il pour arracher de l'âme cette semence tenace, vestige bestial de notre antique origine, conservée et affermie en notre être dès la naissance par une prodigieuse aberration mentale, soigneusement entretenue par la société actuelle ?

Qui de vous n'a pas lu cette lettre, toute récente et rendue publique, d'un officier mort là-bas, sur le continent noir, en accomplissant son œuvre de soldat.

Elle se termine ainsi :

« Il est rouge mon sabre, car j'ai beaucoup tué. »

Cette phrase, adressée à une femme, appelle sans doute des félicitations ; elle a d'ailleurs été reproduite pour ramener les sympathies vers un homme dont le nom a été un moment synonyme de déloyauté — dans le sens mondain du mot.

A mon avis, cette fin de lettre écrite à une amie dans

l'intimité familière laisse entrevoir, au delà de tout ce que je pourrais dire, les penchants de bête fauve que notre belle éducation a si bien entretenus en nous.

Qui empêche les autres d'en écrire autant ?

Le bon goût peut-être !...

Mon Dieu ! je sais bien, ce ne sont pas les protestations qui manquent, protestations timides d'ailleurs, presque honteuses d'oser jeter au milieu des voix hurlantes une petite plainte charitable en face des grands charniers humains.

Mais, que viennent faire ces platoniques lamentations, ces congrès de la paix, dans un monde dont les fondements ont été cimentés au début par le sang des faibles et reposent maintenant sur le labeur sans merci, sur la misérable existence de ceux qui, produisant sans relâche, sont éternellement condamnés à produire, sous peine de mort, par ceux-là mêmes dont les plaisirs, l'intelligence, — la vie enfin, — sont faits de souffrances et d'abêtissements, leur vie à eux !

Mais quelle mouche les pique donc ? Ils ne voient pas, les naïfs (le sont-ils vraiment ?) que le mal dont ils souffrent et se plaignent prend sa racine même dans les fibres de notre organisme social, que l'emplâtre émollient d'un arbitrage européen ou autre en l'état de crise aiguë où nous sommes arrivés, fait sourire de pitié ?

Ils n'entendent donc pas les cris désespérés de ceux qui, dans l'horrible lutte pour la vie, initiale de celle des nations, sont retombés meurtris et haineux, en bas, dans la boue, d'où ils croyaient être sortis ! Ils n'entendent pas les plaintes, d'abord sourdes, et maintenant grondantes, des prolétaires qui, attelés geignants à la machine sociale toujours plus lourde qui les broie sans pitié, commencent à mesurer des yeux l'énormité du fardeau qu'ils soutiennent !

Ils n'entendent rien, ils ne voient rien.

Mûs par une pitié vague, une philanthropie philosophi-
que fort louable, ils marchent avec un bandeau sur les
yeux.

Faudra-t-il donc, pour le leur déchirer, que l'édifice mons-
trueux, ébranlé par l'écho comprimé des cris de colère ou
de souffrance, des lamentables appels de justice toujours
raillés et méconnus, croule vermoulu en sa base, englou-
tissant dans sa formidable chute l'inique et séculaire loi
du plus fort, tare tenace, héritage de haine léguée à l'hu-
manité vivante par les générations disparues ?

Alors, mais alors seulement, le cycle des batailles sera
fermé.

. . . .

Me voici fort loin du récit auquel je prétendais vous
intéresser ce soir; je vais faire de mon mieux pour l'écour-
ter le plus possible et épargner ainsi votre attention.

Sergent frais émoulu, l'esprit surchauffé de lectures
aussi idiotes que classiques, je débarquai, voilà bientôt
dix ans, à Tamatave, capitale maritime de Madagascar, que
les Howas venaient d'évacuer après un bombardement en
règle.

Les troupes françaises, enfermées en un fort circulaire
très primitif et déjà vieux qui avait été construit sur un
mamelon, à droite de la ville, par un aventurier polonais
à la solde d'un des prédécesseurs de la reine actuelle, se
débattaient depuis près de deux mois entre de brusques
décharges appuyées de cris sauvages partis des fourrés —
la nuit — et les déprimants frissons de fièvre qui tenaient
terrassé et inutile le tiers au moins de l'effectif.

Notre arrivée, saluée par de chaudes acclamations, mit
pendant quelque temps un peu de gaieté et d'animation
dans l'ennui lourd qui enserrait l'énergie des soldats entou-
rés par le cercle monotone des murs d'une crudité blanche,
coupés çà et là d'abris hâtifs aux tons rougeâtres.

Nous portions dans les plis de nos vêtements, dans nos poumons encore sains, un peu d'air de France qui, se dégageant, flottait autour de nous.

Il y avait de la nostalgie dans la bruyante joie de cet accueil.

De l'étroit parapet sur lequel dormaient, crapauds géants accroupis, les canons noirs encadrés aux meurtrières, la plaine triangulaire se déroulait onduleuse et immense, ayant à son sommet la ville saccagée, dont les maisons de bois se dérobaient sous les arbres, et à sa base, barrant l'horizon, les premiers contreforts étagés d'une chaîne de montagnes qui se perdait dans un lointain bleuâtre.

De là, les Howas nous surveillaient.

Une décourageante lassitude m'envahit dès les premiers jours de notre arrivée.

Eh quoi ! étais-ce donc là cette vie de combats et d'aventures que je croyais mienne et qui devait renouveler en nos temps modernes la prodigieuse odyssée des *conquistadores* du Mexique et du Pérou ?

Allions-nous, durant des mois et des mois, dans ce trou infesté de miasmes et de vermine, laisser peu à peu se désagréger la vigueur et l'énergie de notre jeunesse saine ? Fallait-il, la tête et le corps brûlants, la gorge sèche, un frisson glacial vous secouant de la tête aux pieds, se voir transporter en civière au milieu du convoi journalier des malades, tous les matins plus nombreux, qu'on envoyait soigner sur le bateau-hôpital ancré en rade ?...

Et ma pensée, se dégageant au-dessus du réel qui tangible et piteux s'agitait autour de moi, essayait, franchissant le massif montagneux, d'évoquer la vision prestigieuse des conquêtes futures ; pendant que les yeux, fixés sur la plaine basse et fangeuse semée çà et là de maigres bouquets d'arbres, suivaient inconscients quelques troupeaux de porcs sauvages qui déambulaient sous les feuilles, à la recherche de racines de maniocs.

Et pas même, depuis quinze jours que nous étions là, le plus petit combat pour rire à se mettre sous la dent. — Rien ! — Les Howas savaient sans doute que des troupes fraîches avaient renforcé la petite garnison épuisée. — C'était désespérant.

Enfin, ma compagnie prit pour huit jours son tour de garde aux avants-postes ; c'était un dérivatif à la déprimante inaction qui m'énervait.

Ce service, très pénible, consistait en rondes continuelles sur la ligne des postes avancés qui, répartis en quatre cahutes sommairement fortifiées, formaient un arc de cercle dessiné par les sentinelles autour de la ville et du fort.

Ce n'était pas encore l'action, mais c'était déjà le mouvement ; cela me plut comme un prélude — je me sentais mieux vivre.

Or, le soir du second jour, la relève des sentinelles étant faite, les hommes harassés dormaient étendus sur les planches du parquet.

La cigarette aux lèvres, nous causions doucement, le lieutenant chef de poste et moi, appuyés côte à côte contre la palissade entourant le terre-plein qui avait été pratiqué devant la porte de la case.

Le soleil avait disparu dans un bain de sang, et le ciel tout à coup était devenu noir, d'un noir d'encre.

Nous nous étions tus, envahis par un indéfinissable sentiment de malaise provoqué par la subtile odeur de musc qui sourdissait de la terre surchauffée. — Des lucioles ailées passaient devant nous, points lumineux surgissants comme des minuscules éclairs — et disparaissant dans l'obscurité.

— Savez-vous bien que voilà une nuit faite tout exprès

pour une attaque ? — dit brusquement mon lieutenant. — Vous devriez aller vous-même avertir les factionnaires de se tenir spécialement sur leur garde ce soir ; — je ne me sens pas tranquille... On ne voit pas le bout de son nez...

J'avais saisi mon fusil, le visitant soigneusement, quand, soudain, arriva, tout essoufflé, un de nos hommes qui avait été placé, comme sentinelle mobile, au bord de la mer.

— Mon lieutenant, dit-il haletant, il m'a semblé voir dans la brousse des hommes qui rampaient ; je ne puis me rendre compte par la nuit qu'il fait, mais il y a certainement quelque chose.

— Allez voir, vite, vite ! sergent, ne nous laissons pas surprendre, et vous autres, là, les dormeurs, debout !

Le cœur battant, je descendis rapidement la rampe de notre petit fortin. — C'était sérieux cette fois ; un vague frisson me secouait, de sourdes pulsations martelaient mes tempes, à tel point que je fus obligé de m'arrêter un instant pour maîtriser cette sensation bizarre.

Etait-ce la peur ? Oh non... c'était plutôt l'émotion d'un premier début — et, l'esprit rasséréné par cette succincte analyse de mon moi, je m'enfonçai de nouveau dans la nuit, le corps plié, suivant de mon mieux la ligne d'abatis de branchages qui s'amoncelaient jusqu'au rivage.

Là, je m'arrêtai. — La mer était invisible, mais je la sentais tout près, par les coups sourds des vagues molles qui lourdement s'écrasaient sur le sable, à quelques pas.

Le cou tendu, l'arme prête, je cherchais à percer l'invisible qui m'entourait. — Un léger bruit d'herbes frôlées, de brindilles craquant sèches sous le poids de corps rampants, m'indiquait le danger encore inconnu.

Je criai : « Qui vive ? » Il me sembla que ce n'était pas ma voix, tant elle me parut changée. — Rien ne répondit. — Cependant le bruit cessa.

Alors, rapidement, je tendis mon arme vers le but probable, et, au jugé, je fis feu.

Au même instant, une averse furieuse s'abattit sur la terre comme une trombe ; les nuages crevés, telles des outres trop pleines, se vidaient avec fracas.

Je restai saisi sous cette avalanche liquide, attaque imprévue qui n'était pas dans mon programme.

La respiration oppressée, mes légers vêtements transpercés par l'ondée clapotant avec rage, j'essayai, presque accroupi, de mettre baïonnette au canon, pendant que, dans le lointain vague, m'arrivaient, intermittents et voilés, les bruits de clairons sonnant le branle-bas du combat sur les bateaux et dans le fort.

La détonation avait été entendue.

Alors, l'avouerai-je ? — une impression d'angoisse affreuse me prit la gorge : la peur ; c'était la peur qui me tenaillait maintenant, la peur bête, la peur qui ne raisonne pas, celle qui tord le cœur comme un chiffon, qui le secoue et le comprime à en mourir. — L'hallucination terrifiante du danger inconnu qui me guettait dans cet effondrement m'avait mordu le crâne et le rongeait.

Les mains crispées sur mon fusil, les yeux vagues, je sentais le sol se dérober sous moi ; j'aurais sûrement perdu connaissance, si je n'avais senti, à ce moment, des doigts nerveux me secouer le bras.

— Eh bien ! eh bien !... vous n'entendez donc pas quand je vous parle ? Qu'avez-vous vu ? — dites.

C'était l'officier du poste, que, dans cette défaillance rapide de tout mon être, je n'avais entendu ni venir, ni m'appeler.

D'un effort violent, je voulus me ressaisir, mais ma voix ne sortait plus ; la commotion avait été trop forte. — Là, là, fis-je en étendant le bras.

— Hé bien ! allons nous assurer, dit-il, nous ne pouvons rester ainsi.

Et bravement, tête baissée, sous le ruissellement intense, il s'élança en avant, le revolver au poing.

En deux bonds, je l'avais rejoint, la réaction s'était faite.

Ah ! comme avec plaisir j'aurais tenu à cet instant le corps d'un homme au bout de ma baïonnette ; comme avec volupté j'aurai troué les poitrines, écrasé les têtes, piétiné les mourants !

La rage intime d'avoir été lâche m'avait rendu féroce.

A peine avions-nous fait cinquante pas dans la nuit, que le lieutenant s'abattit avec un cliquetis de ferrailles ; j'allais me précipiter à son secours, mais je le vis se relever en jurant, après avoir palpé de ses mains boueuses une masse noirâtre, cause de sa chute.

Chacun de nous avait poussé une exclamation.

— C'est un homme, n'est-ce pas ? mon lieutenant.

— Nom de Dieu ! non, sergent, c'est un cochon que vous avez tué !

Le lendemain, j'avais la fièvre...

9 7 8 2 0 1 3 4 3 2 1 8 4